Schreibe in das große **A** viele bunte **A**.

Schreibe **a** in die Linien.

a

a

a

a

Bär

B

B

B

B

b

b

b

b

baden

Kreise den Anfangsbuchstaben ein,
der zu dem Bild passt.

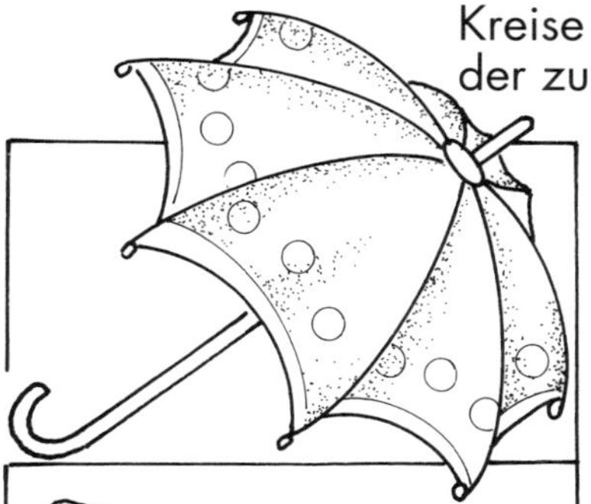

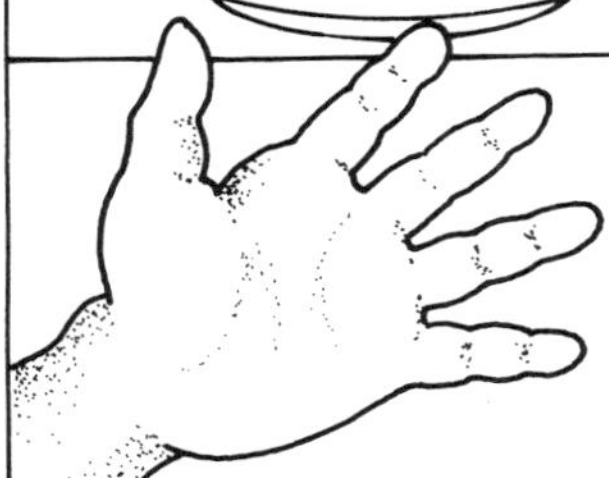

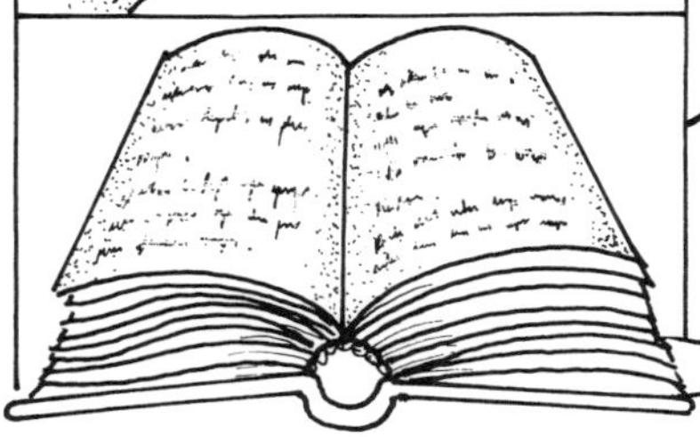

L	R	F
B	F	K
N	K	T
M	R	T
R	S	H
B	L	T

Clown

C

C

C

C

C

C

C

C

Comic

Suche den passenden Wortanfang. Kreise die richtigen Buchstaben ein.

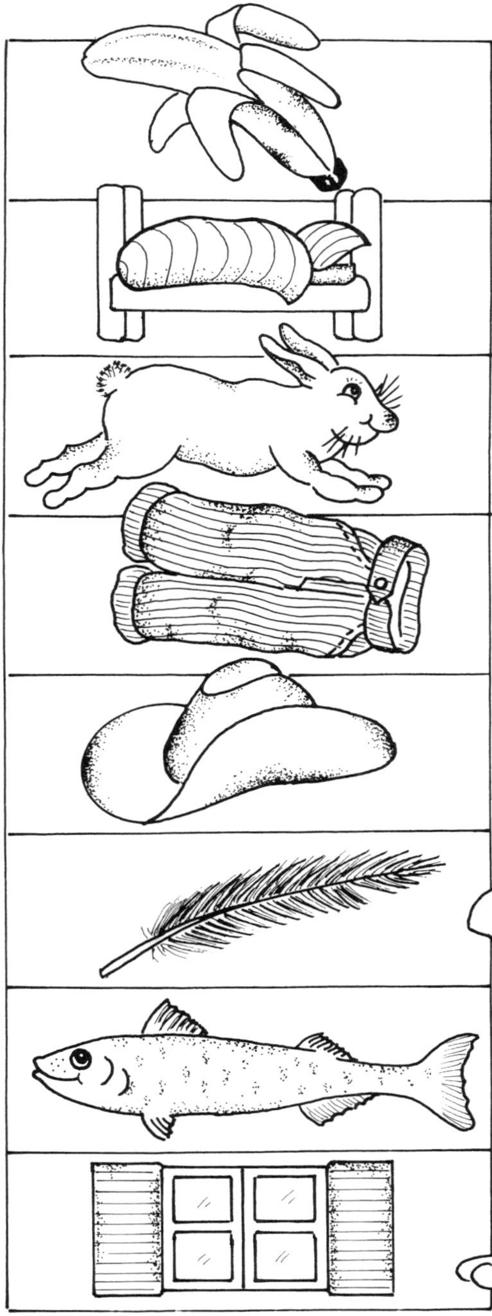

Be	Ba	Bo
Bo	Bi	Be
Ha	He	Hi
He	Ha	Ho
Hu	He	Ha
Fo	Fa	Fe
Fi	Fo	Fa
Fo	Fe	Fa

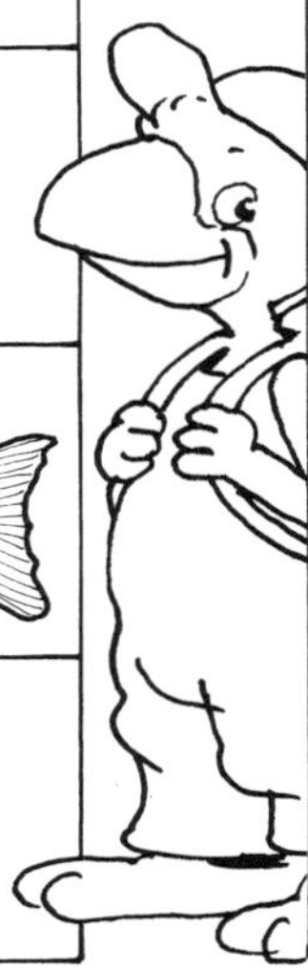

Dieb

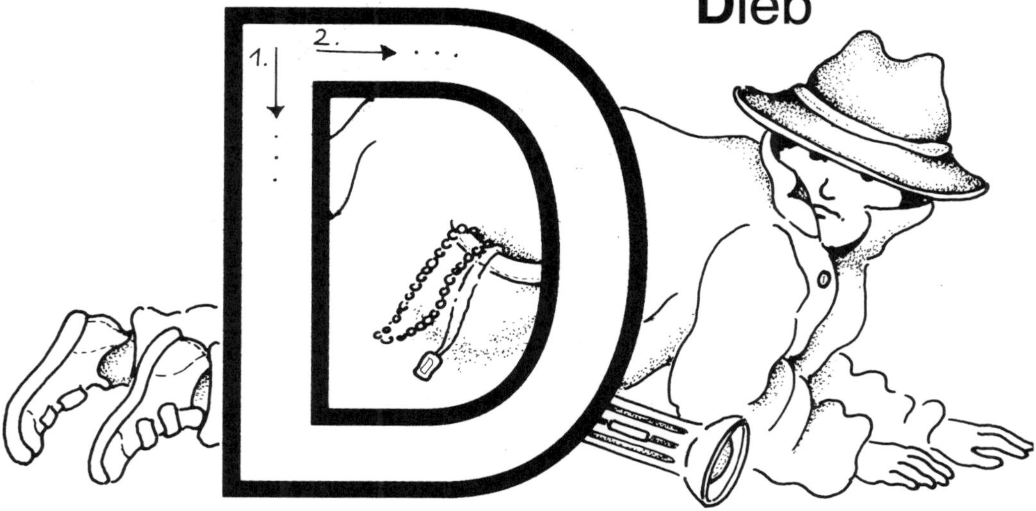

D

D

D

D

d

d

d

d

donnern

Verbinde jedes Bild mit dem passenden Anfangsbuchstaben.

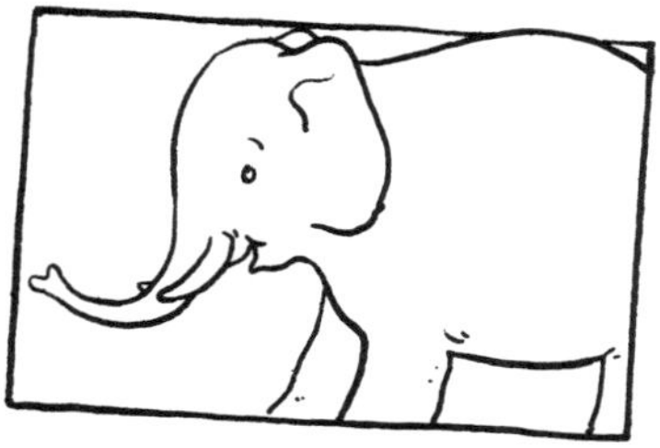
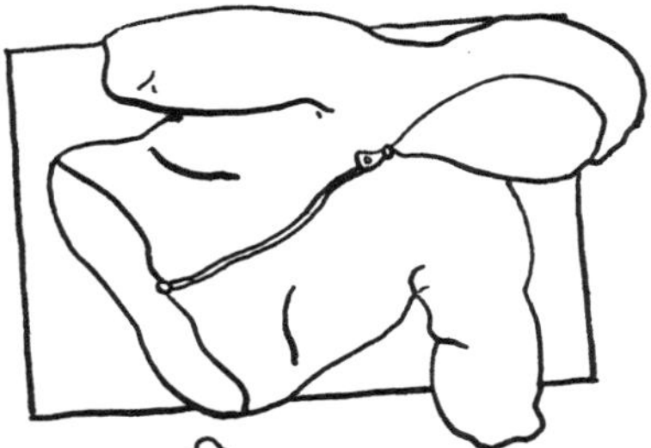
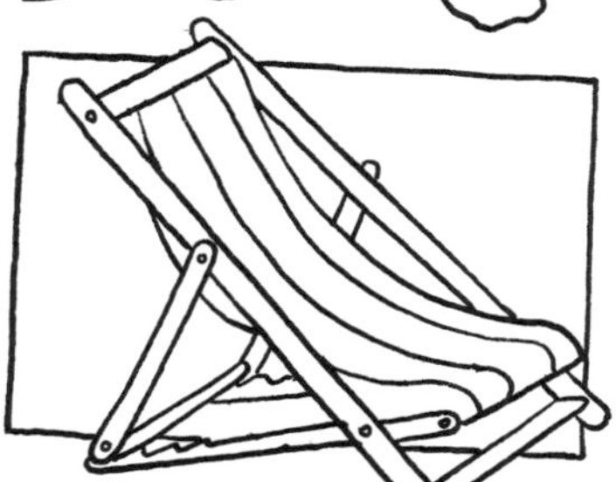

W
J
G
E
B
U
D
Z
L
M

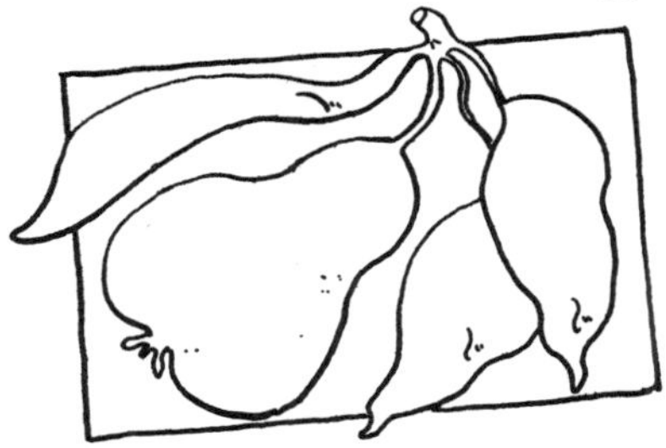

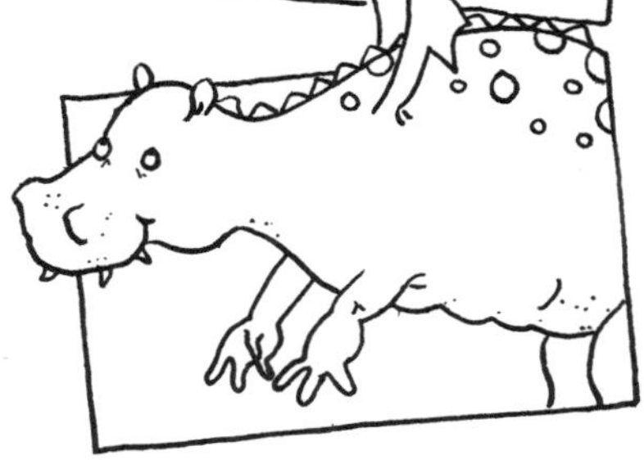

Elefant

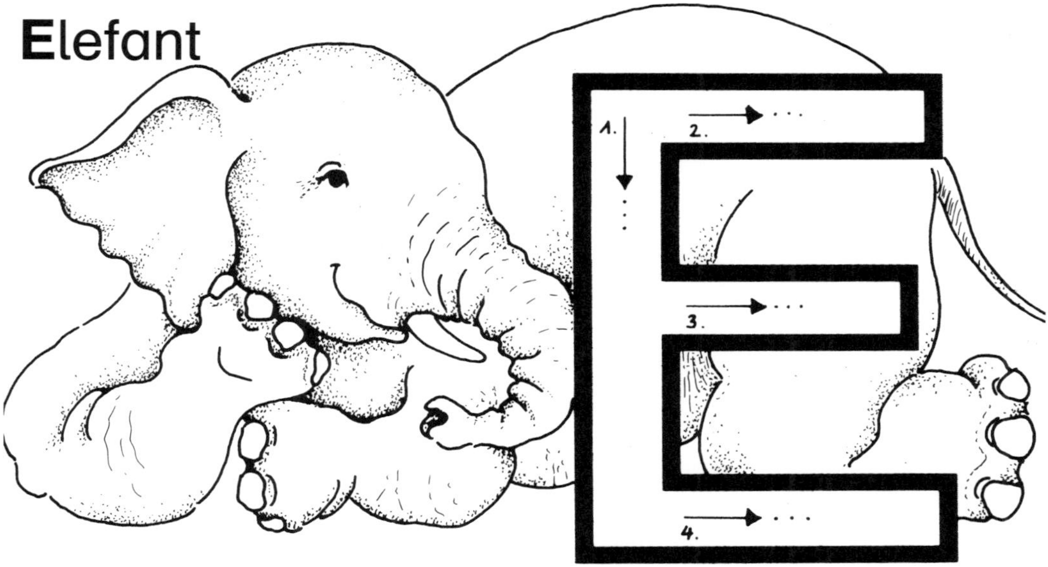

e

e

e

e

essen

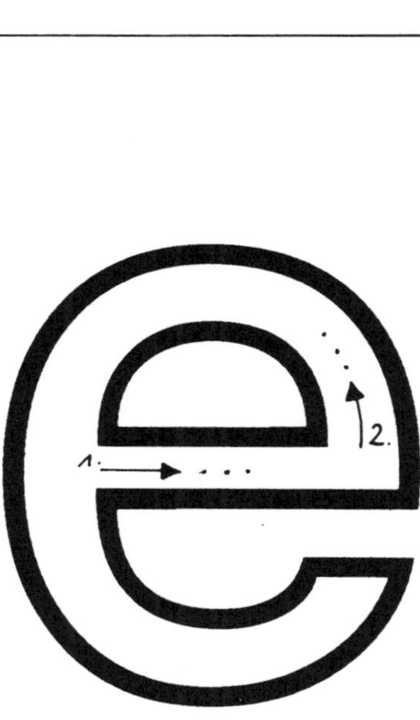

Zu jedem Bild gehört ein Anfangsbuchstabe. Verbinde, was zusammenpasst.

H	S
R	P
A	E
D	L
F	N

Fisch

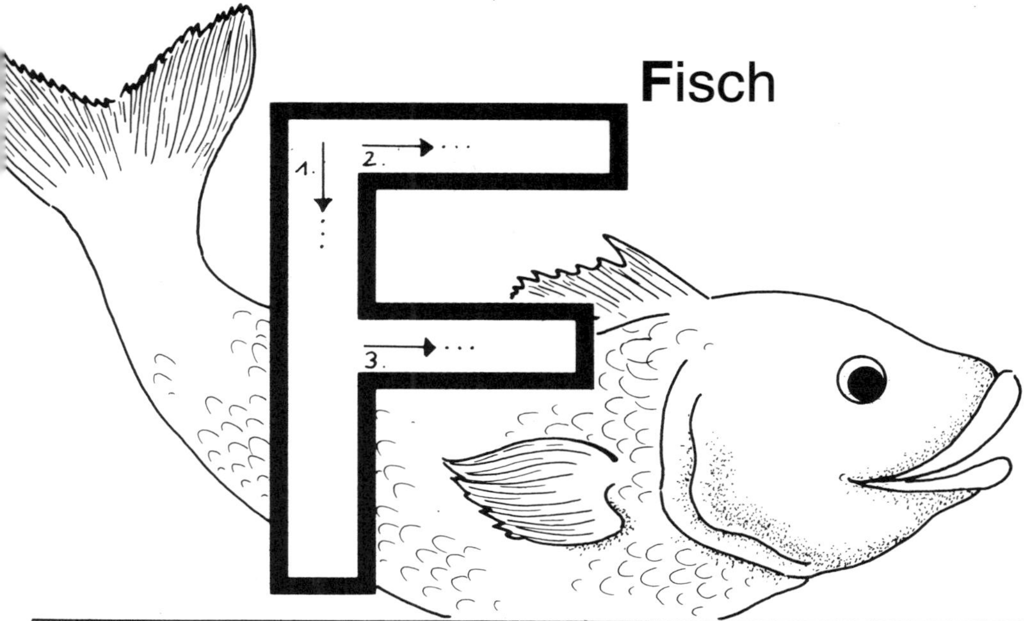

f

f

f

f

fernsehen

Verbinde jedes Bild mit dem passenden Anfangsbuchstaben.

R

T

K

M

H

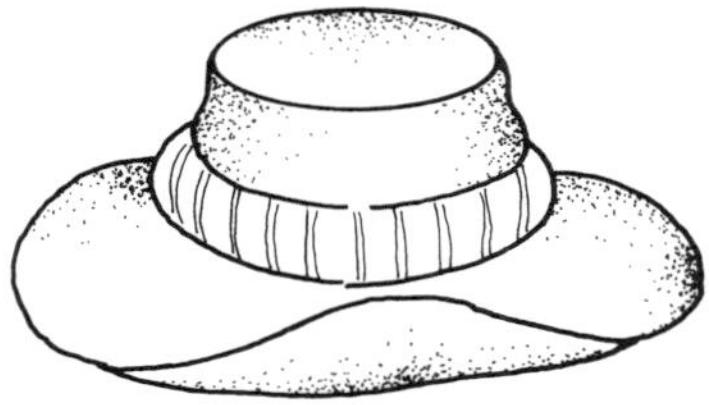

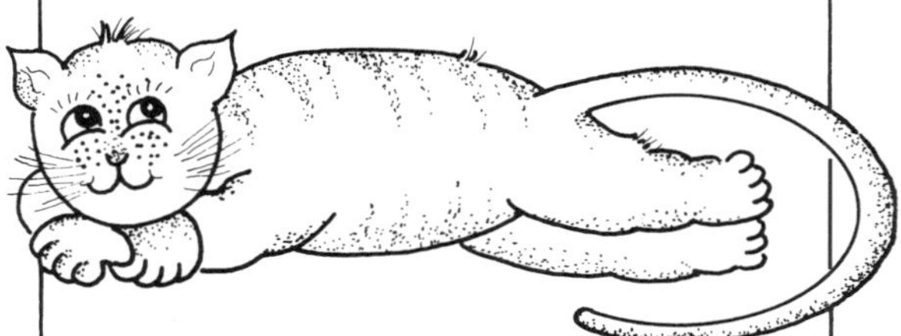

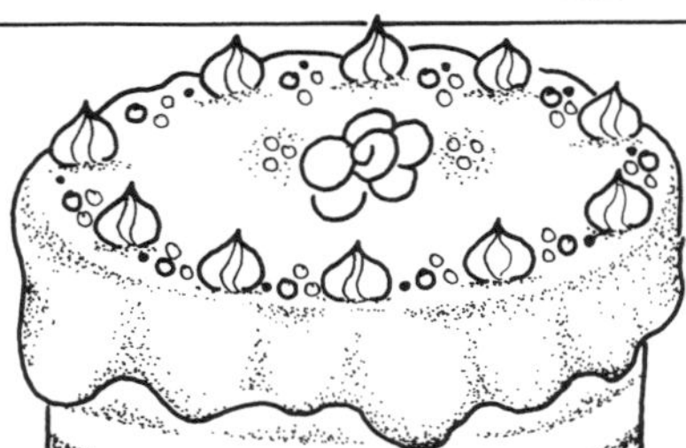

Gans

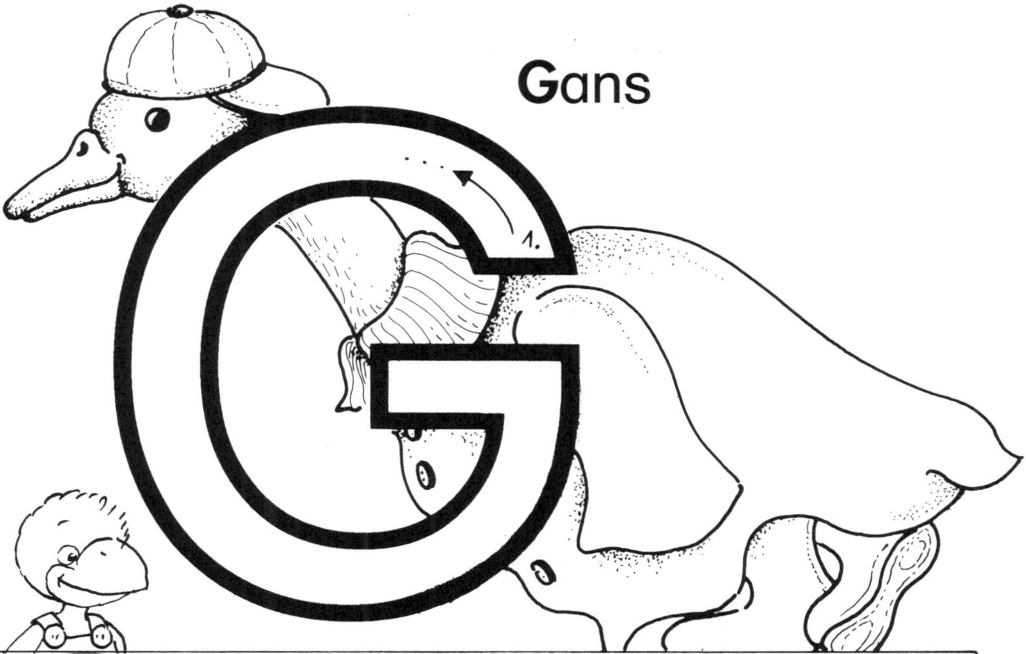

G

G

G

G

g

g

g

g

gehen

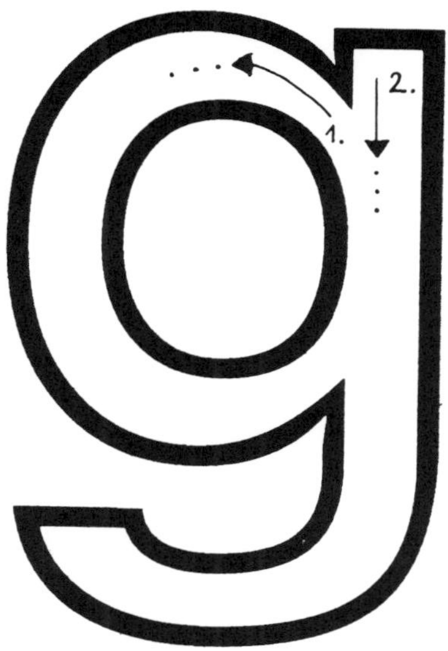

Welche Bilder passen zu den Anfangsbuchstaben?
Male die richtigen Dinge oder Tiere bunt an.

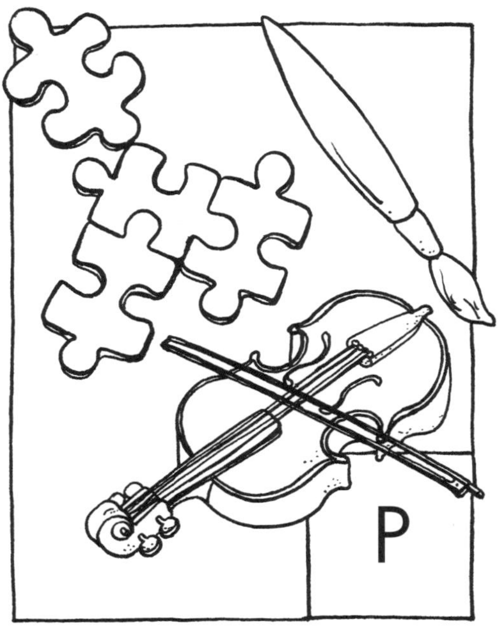

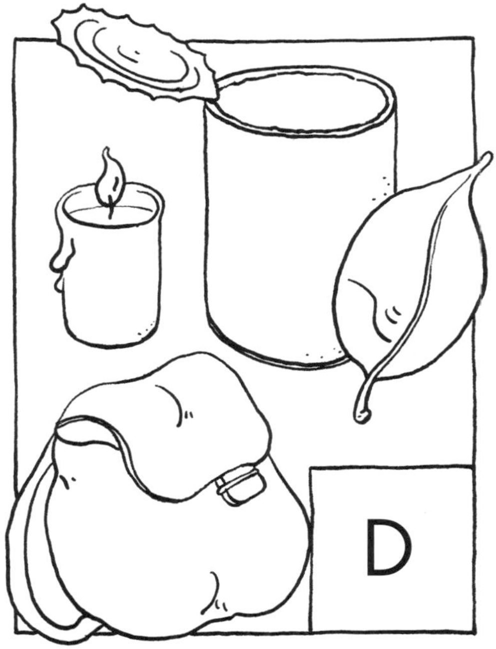

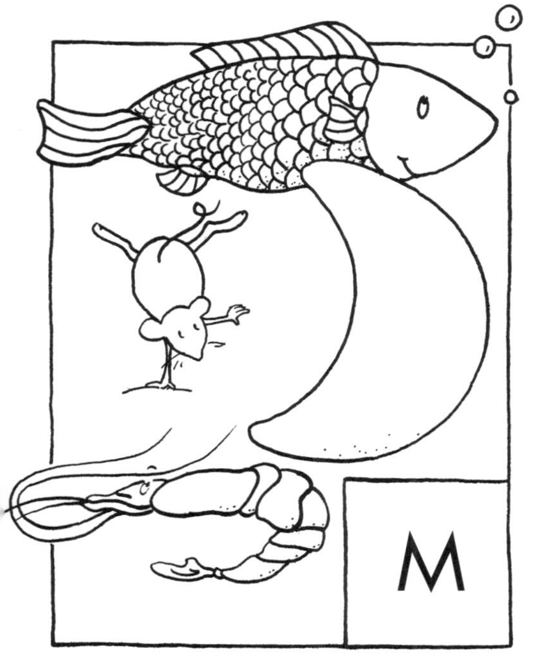

Hase

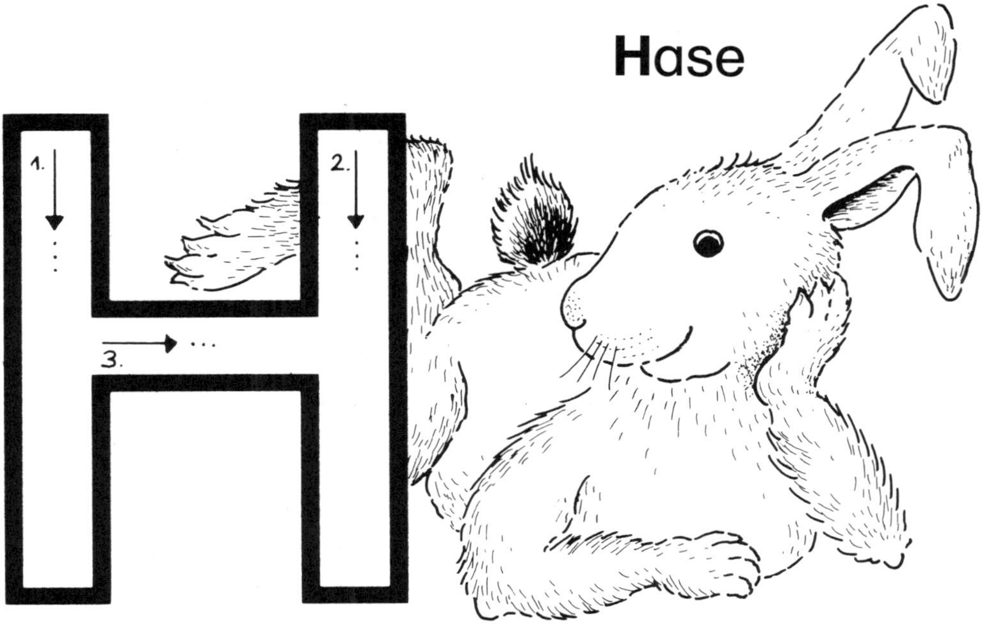

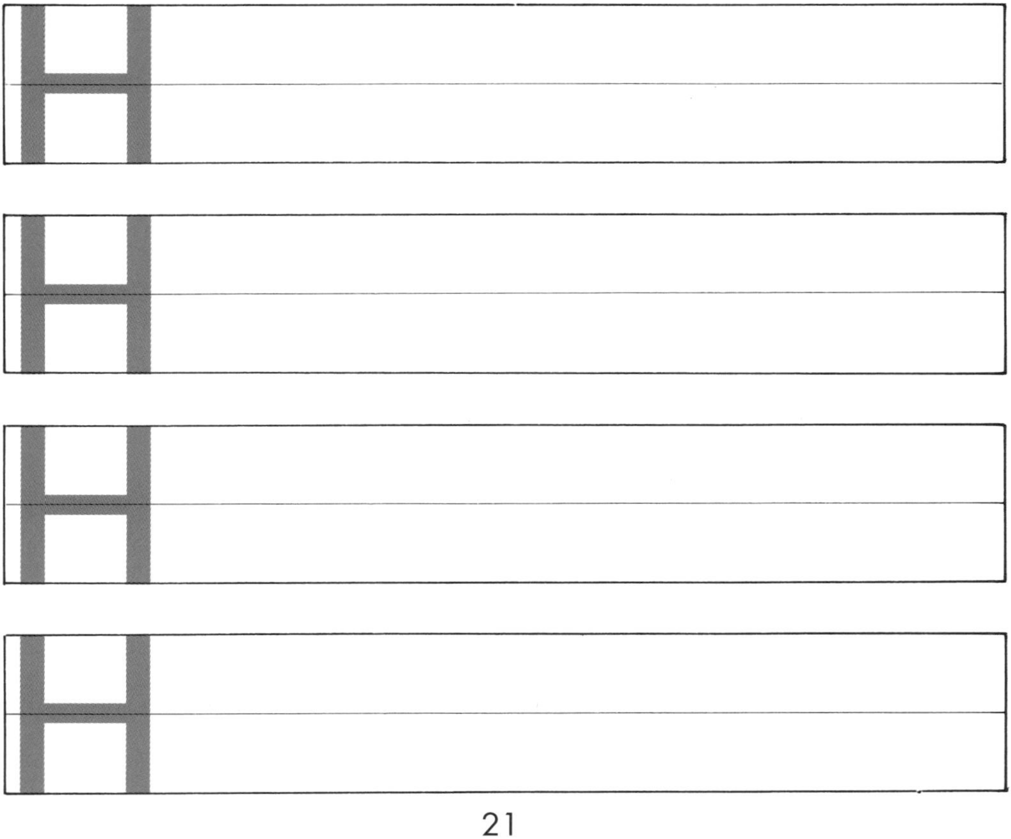

h

h

h

h

hüpfen

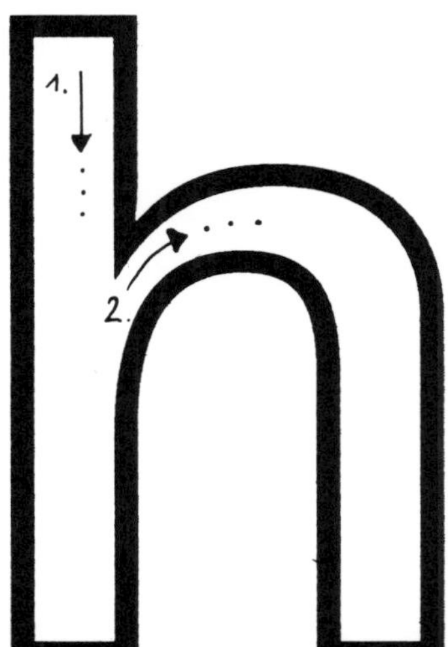

In jedem Wort fehlt ein Buchstabe. Findest du heraus, welcher es ist?
Kreise ihn ein.

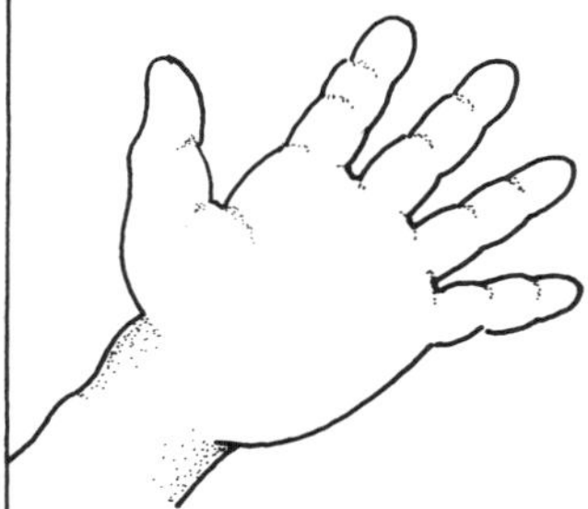

u
a
e

H__nd

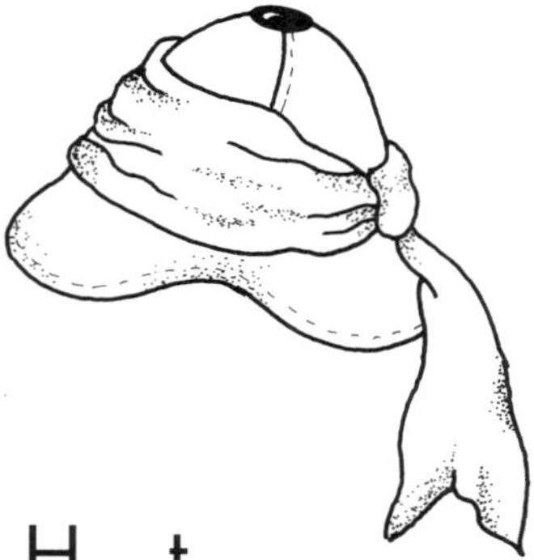

a
i
u

H__t

a
i
o

Kr__ne

u
e
a

Sch__re

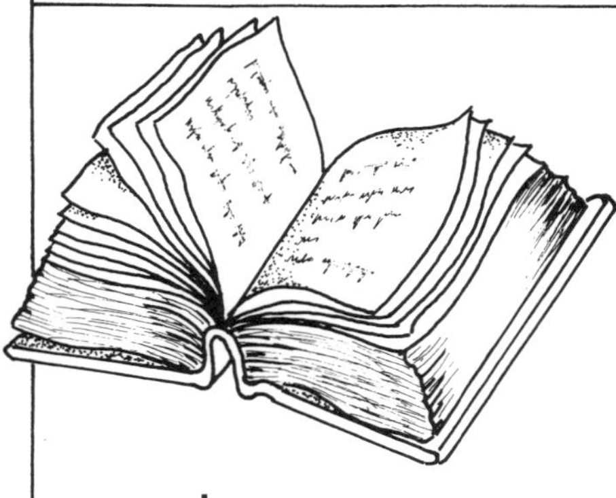

a
i
u

B__ch

a
i
u

Z__trone

Igel

i

i

i

i

im

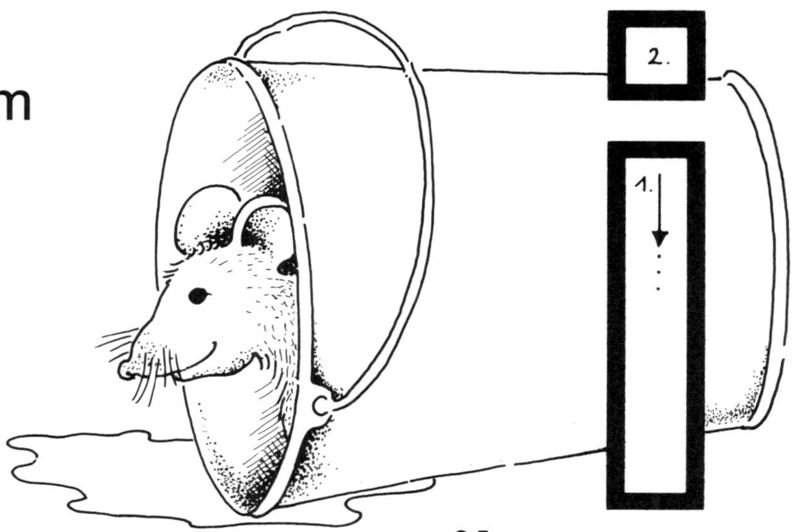

Junge

J

J

J

J

j

j

j

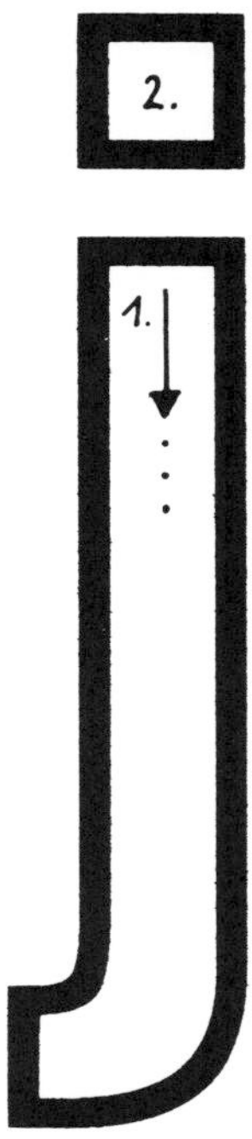

jagen

Ein Bild und sechs Wörter – welches passt? Kreise das richtige Wort ein.

Engel

Ende

Esel

Ernte

Ente

Eltern

Torte

Tor

Trompete

Trommel

Tomate

Topf

Zelt

Zitrone

Zirkus

Zoo

Ziege

Ziel

Kater

K

K

K

K

kochen

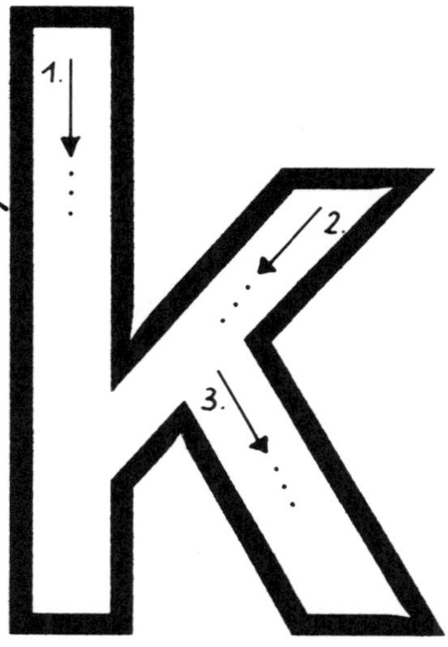

Löwe

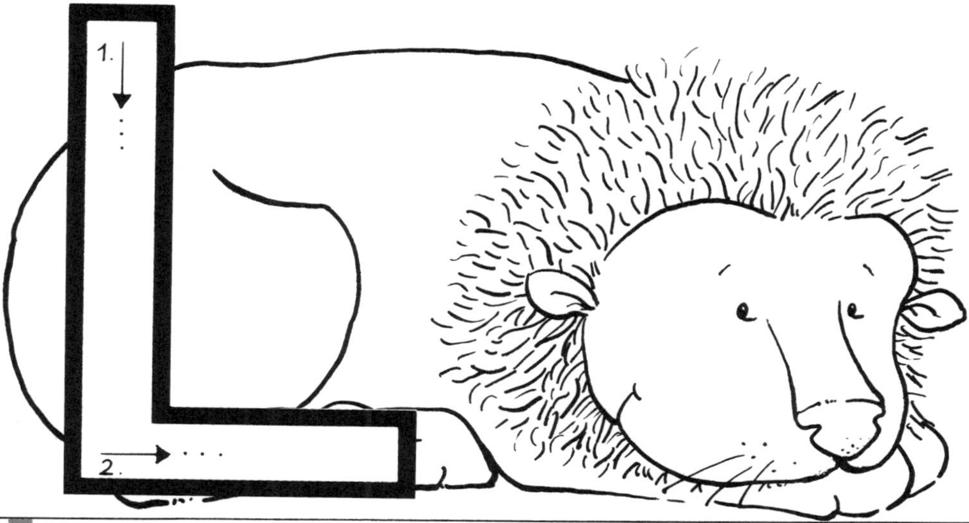

lesen

Zu jedem Bild passt ein Wortanfang. Verbinde, was zusammengehört.

Bl

Kr

Fr

Tr

Kl

Fl

Schreibe in das große **M** viele **M**.

Maus

Hier kannst du **m** üben.

m

m

m

m

melden

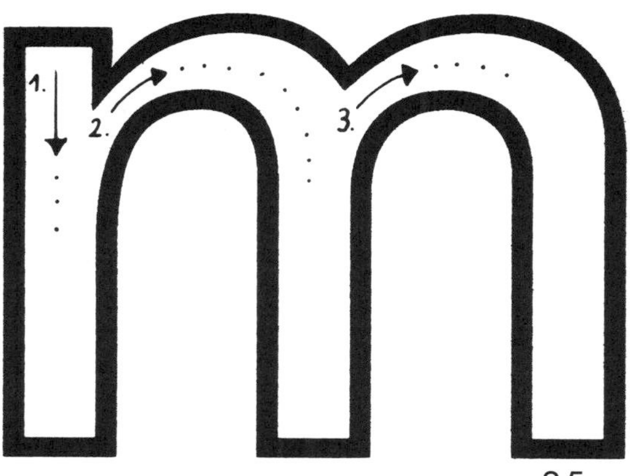

Welchen Laut hörst du am Wortende? Kreise den passenden Buchstaben ein.

 Rabe	a e i
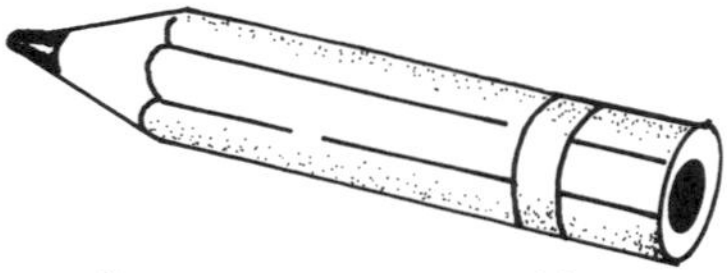 Bleistift	m t r
 Hut	r s t
Messer 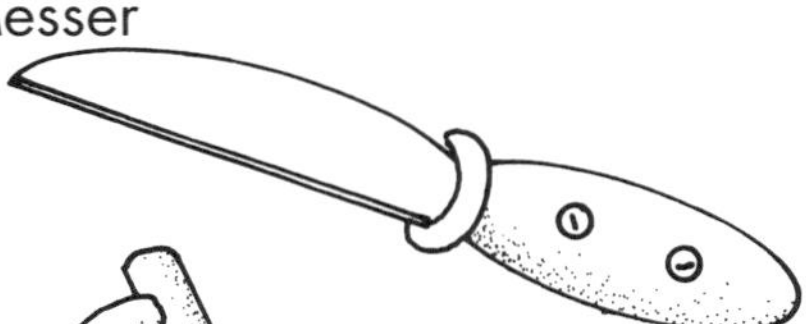	m r l
 Stuhl	n l t
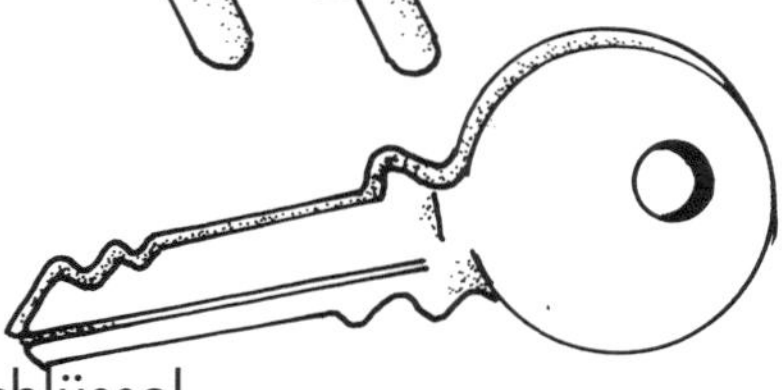 Schlüssel	r m l

Nest

n

n

n

n

nähen

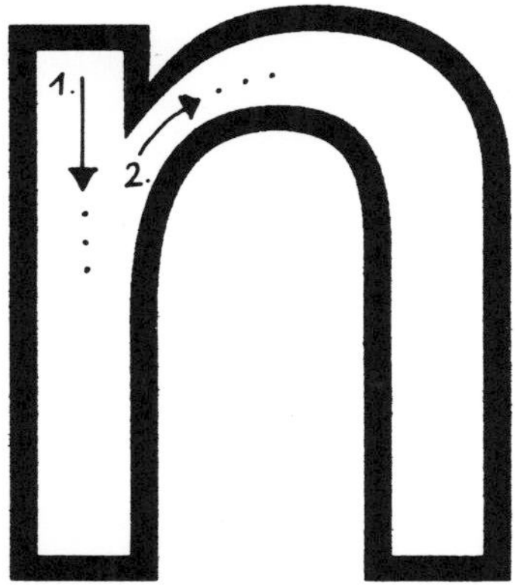

Oma

O

O

O

O

o

o

o

o

oben

Zu jedem Bild passt ein Wort. Verbinde, was zusammengehört.

Fuß

Fußball

Blei

Bleistift

Regen

Regenschirm

Hand

Handschuh

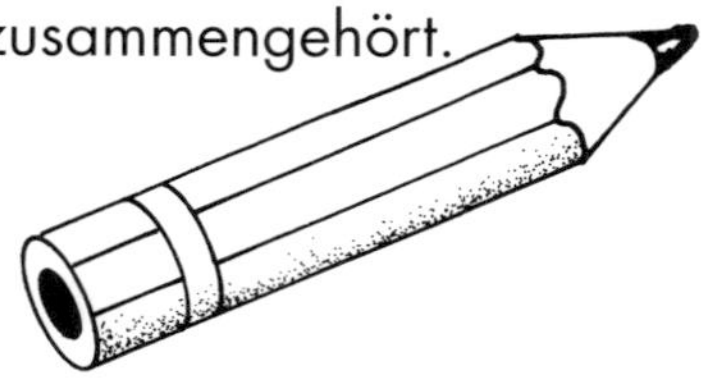

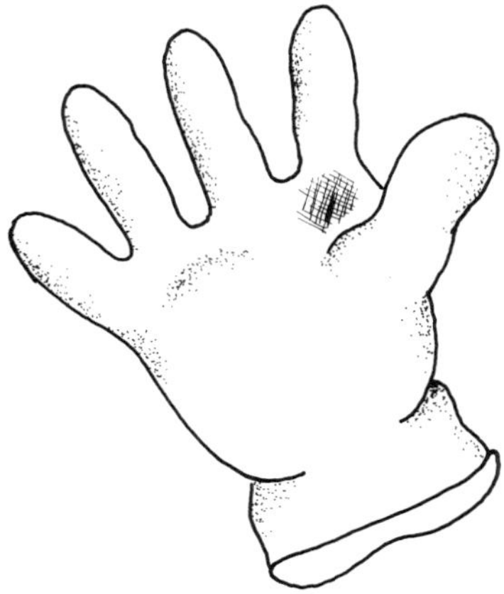

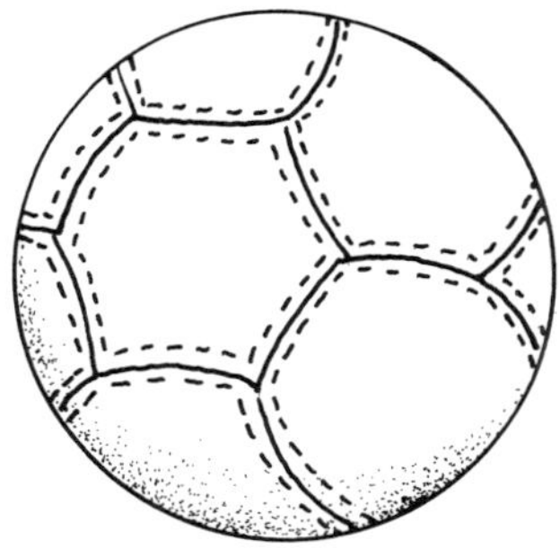

Paket

P

P

P

P

p

p

p

p

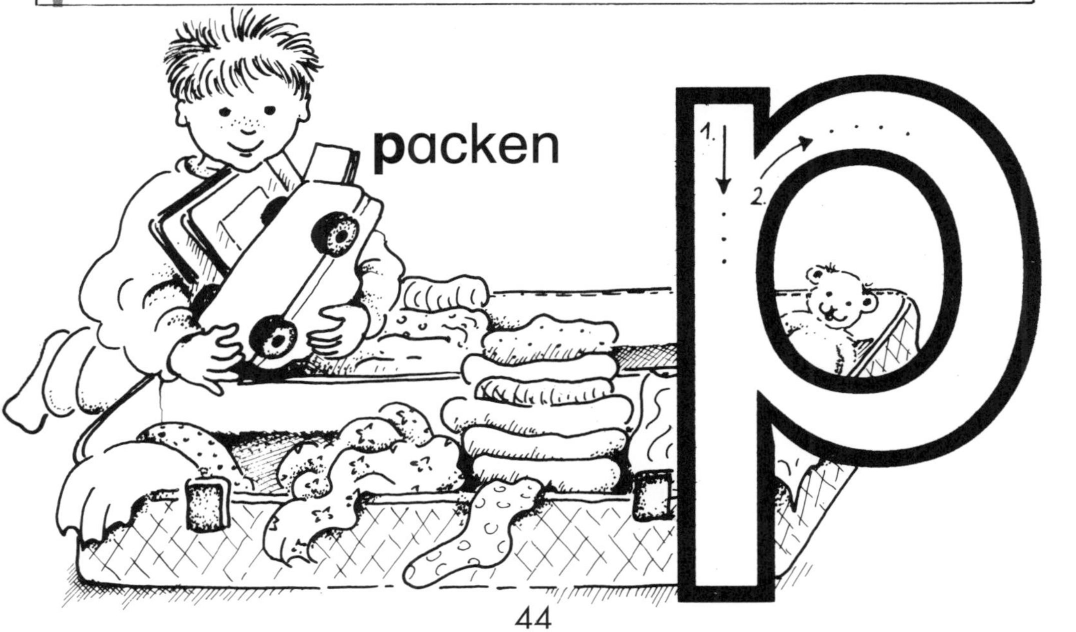

Zu jedem Bild passt nur ein Wortanfang. Kreise die richtigen Buchstaben ein.

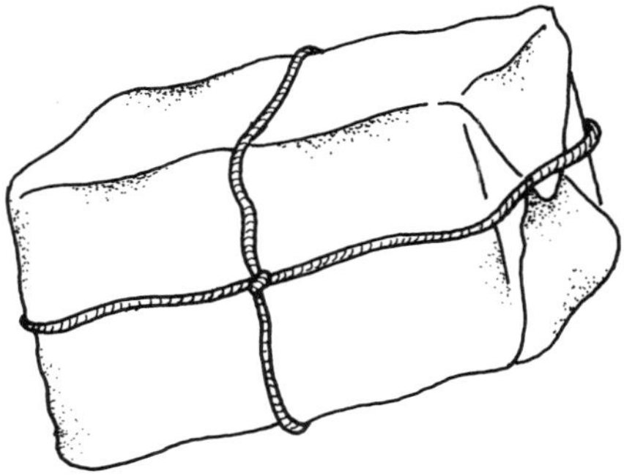

Pi
Pe
Pa
Po

We
Wa
Wi
Wo

Bla
Ble
Blu
Bli

Qualle

Qu

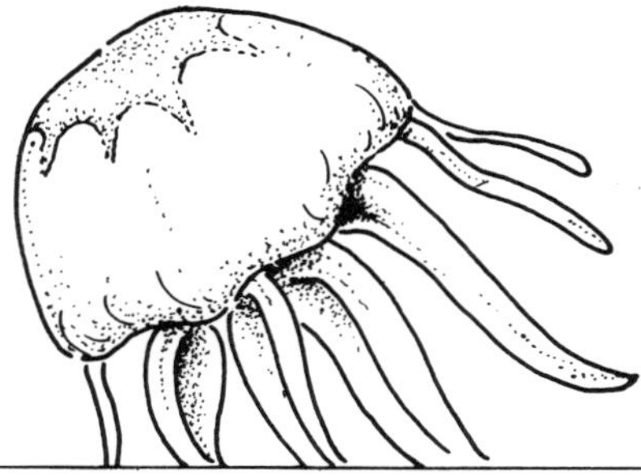

Qu

qualmen

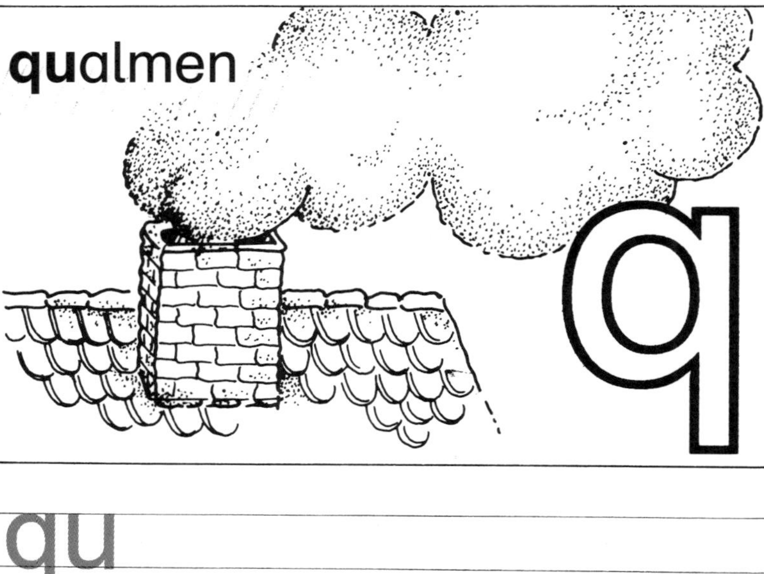

qu

qu

Zwei Silben bilden ein Wort. Verbinde die Teile, die zusammengehören.

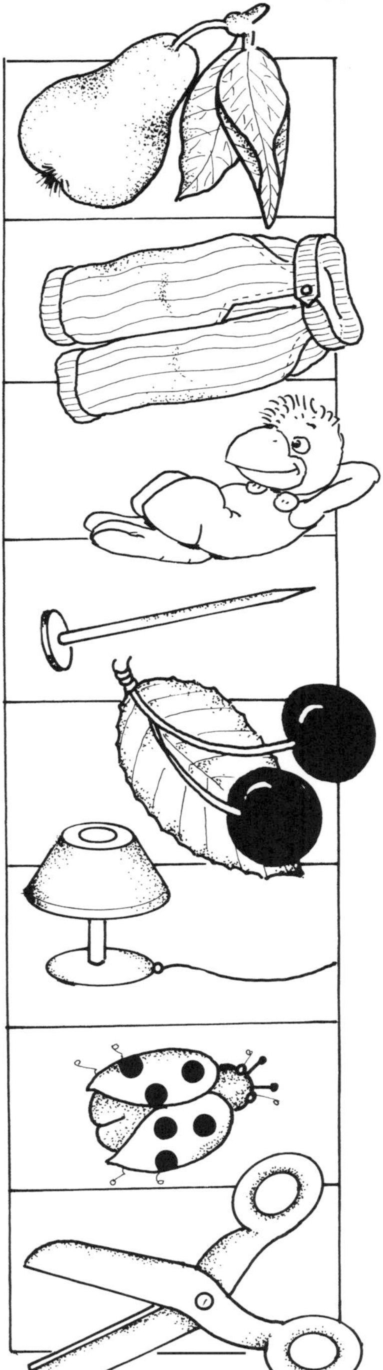

Bir	gel
Ho	ne
Ra	be
Na	se
Kir	pe
Lam	sche
Kä	re
Sche	fer

Rufus

R

R

R

R

r

r

r

r

rennen

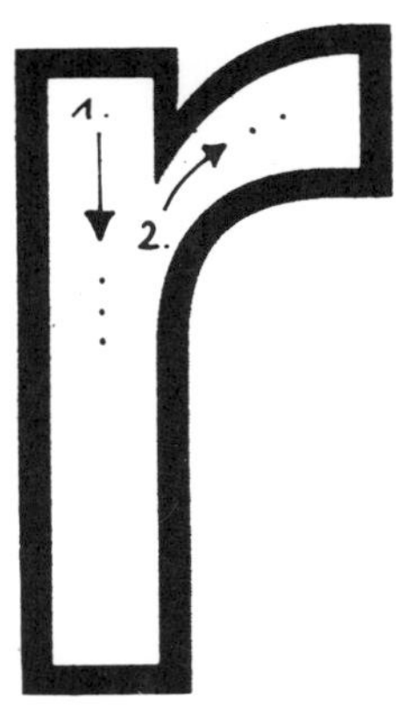

Nur ein Wort passt jeweils zum Bild. Suche und kreise es dann rot ein.

Kamm Kater
Kamel Kanne

Radio Reh
Regen Rad

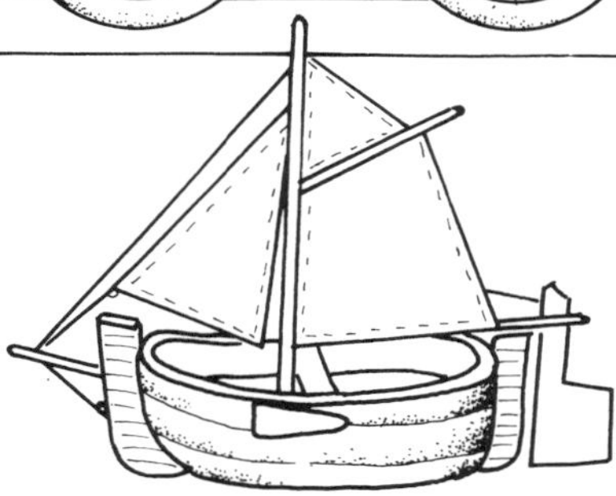

Brot Boot
Boden Bude

Dose Dorf
Dame Datum

Sonne

s

s

s

s

singen

Tasse

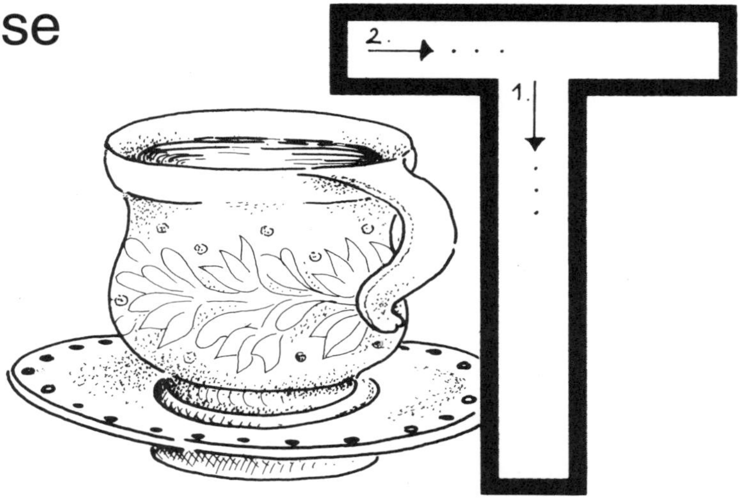

t

t

t

t

tauchen

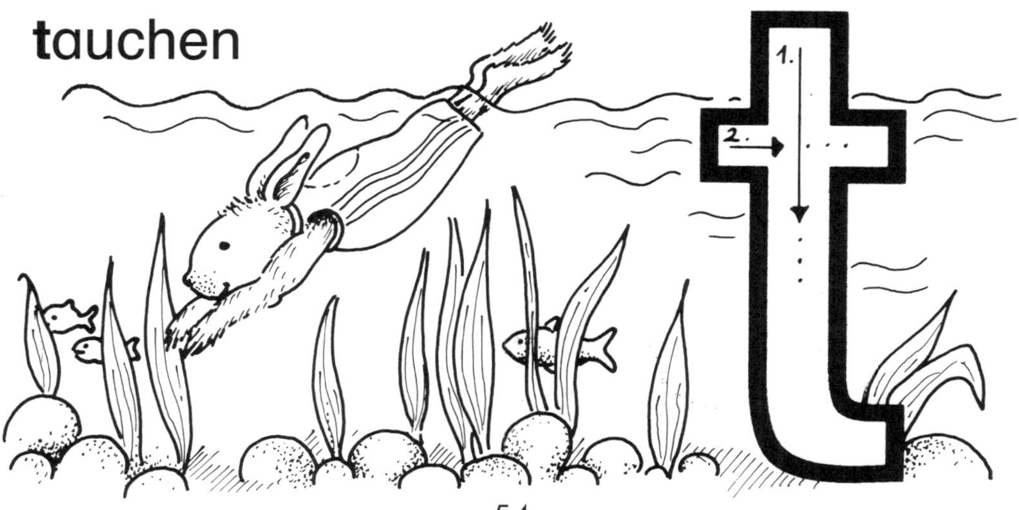

Verbinde jedes Bild mit dem passenden Wort.

Banane	Ball	Boot	Becher
Tafel	Tasse	Tasche	Tanne

Uhr

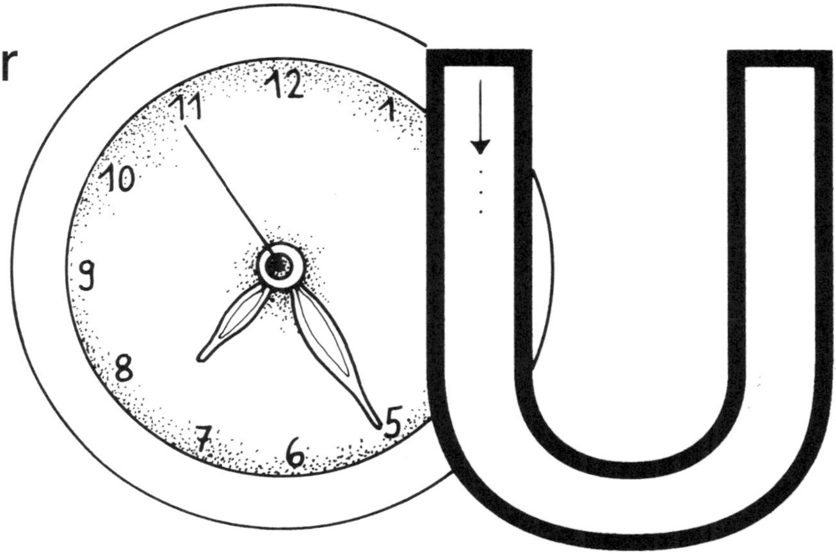

u

u

u

u

unter

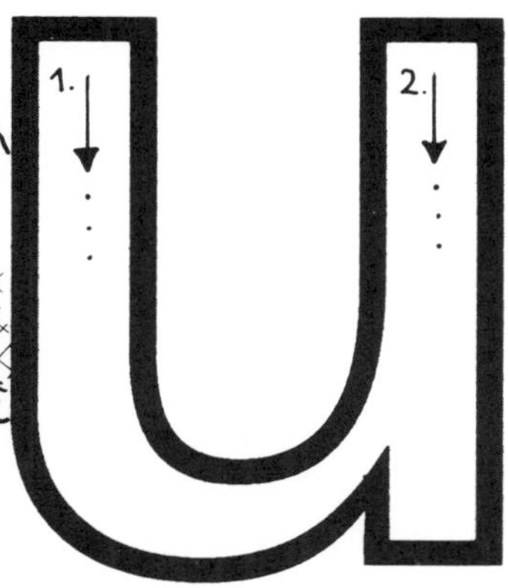

Zu jedem Bild passt nur ein Wort. Kreise den richtigen Begriff ein.

Bauch Baum
Bach Buch

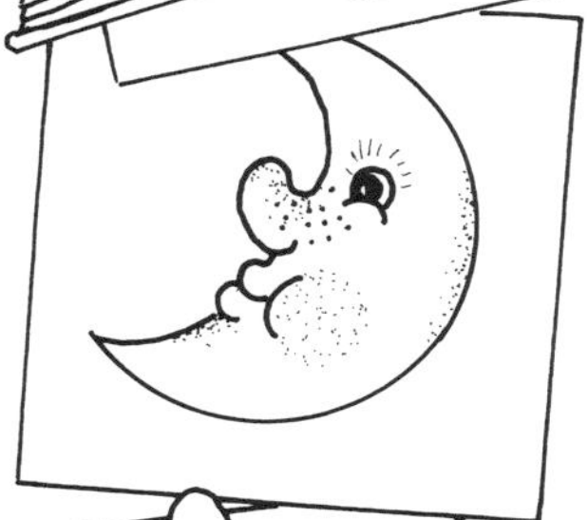

Mond Mund
Monat Mutter

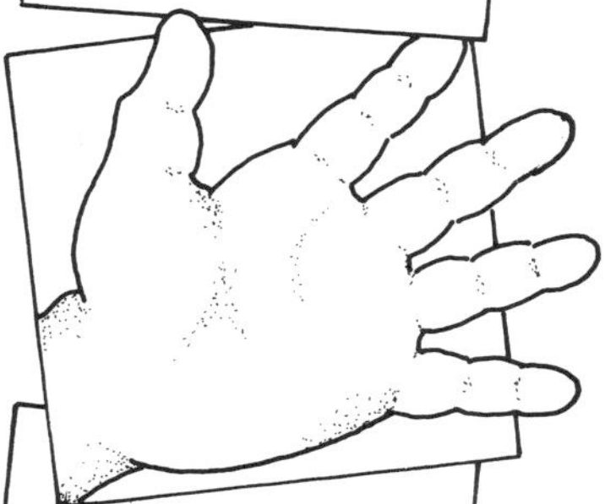

Hund Hand
Haus Hase

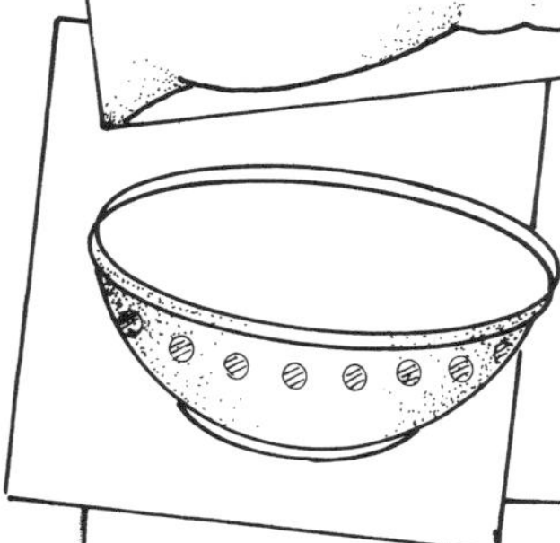

Schule Schale
Schatz Schal

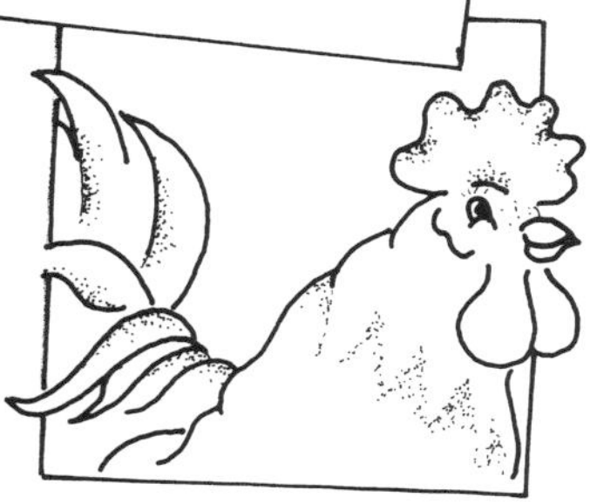

Hand Hund
Hahn Huhn

Vogel

V

V

V

V

V

V

V

V

viele

Weihnachtsmann

W

W

W

W

w

w

w

w

weinen

Kreise ein, was richtig ist.

Wir essen

Käse

Käfer

Boote

Brote

Nadeln

Nudeln

Beine

Birne

Birke

Torte

Tor

Wir trinken

Tee

Teer

Bier

Briefe

Brause

Milch

Mist

Salz

Saft

Sand

Senf

X

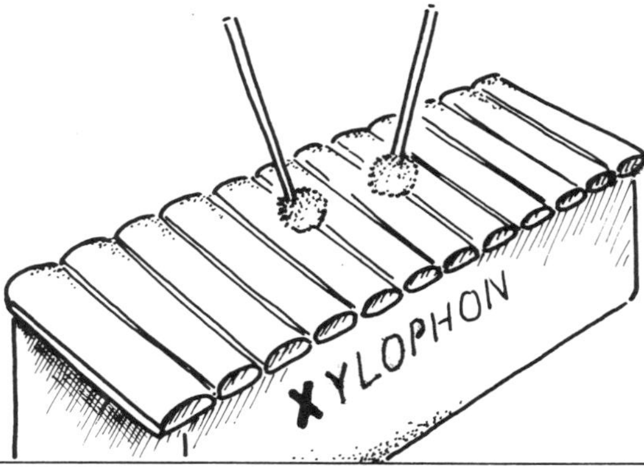

X

X

Hexe

X

x x

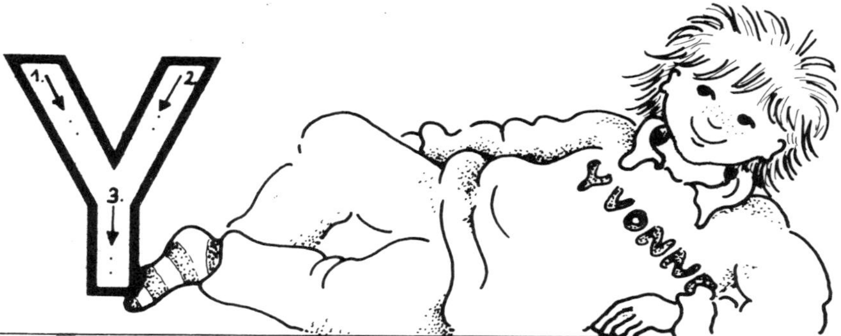

Y

Y

Pony

y y

Ein Wort und ein Bild gehören zusammen. Unterstreiche das richtige Wort und male das Bild an.

Haus

Haustür

Haustürschlüssel

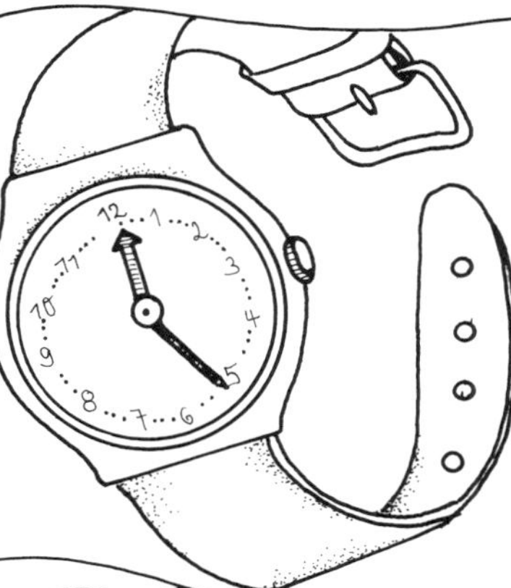

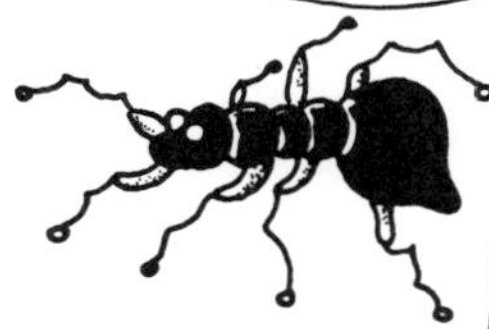

Arm

Armband

Armbanduhr

Ei

Eier

Eierbecher

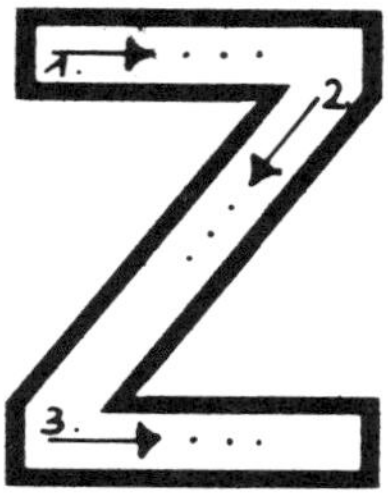

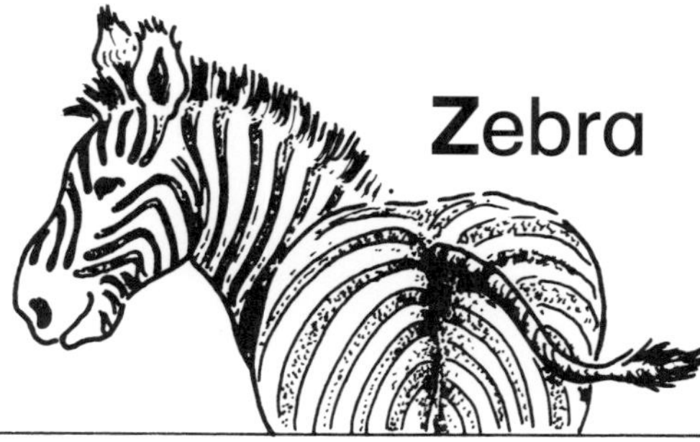

Zebra

Z

Z

ziehen

Z

z

Male die Bilder in den richtigen Farben an.

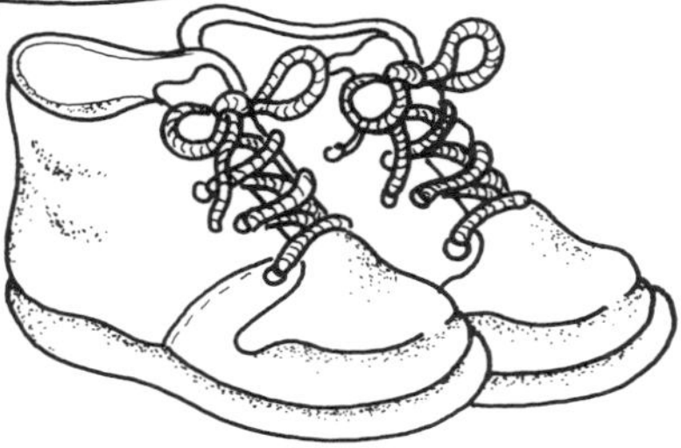

Tina hat
gelbe Stiefel.

Peters Auto
ist rot.

Tonis Kater
ist grau.

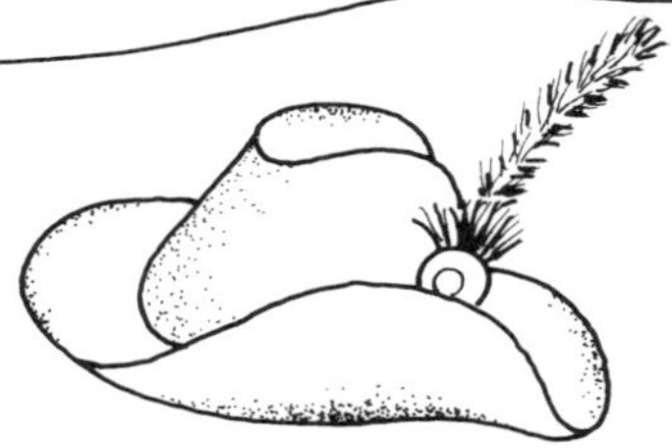

Annas Hut
ist grün.

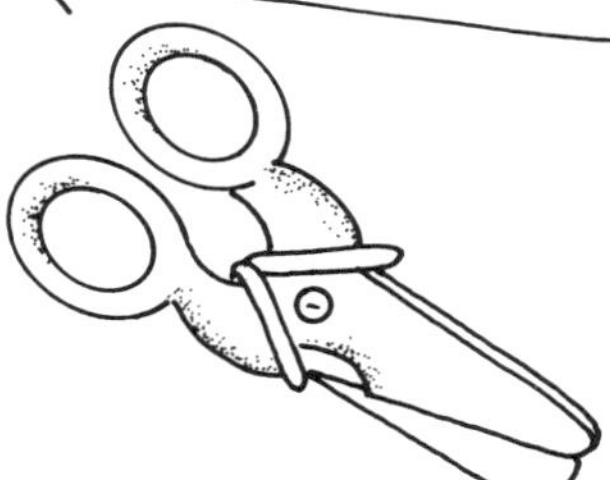

Lena hat
eine blaue Schere.

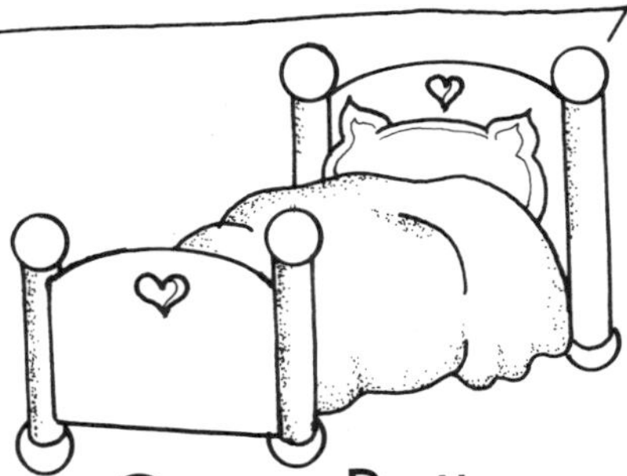

Omas Bett
ist lila.

A B C
G H I
ABCDEF
GHIJKL
MNOPQuR
STUVWXYZ

D E F 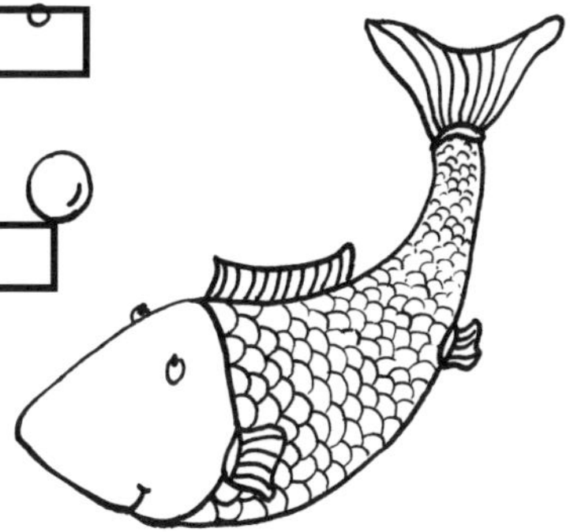

J K L

M N O

S T U V

P Qu R

W X Y Z